AF360019

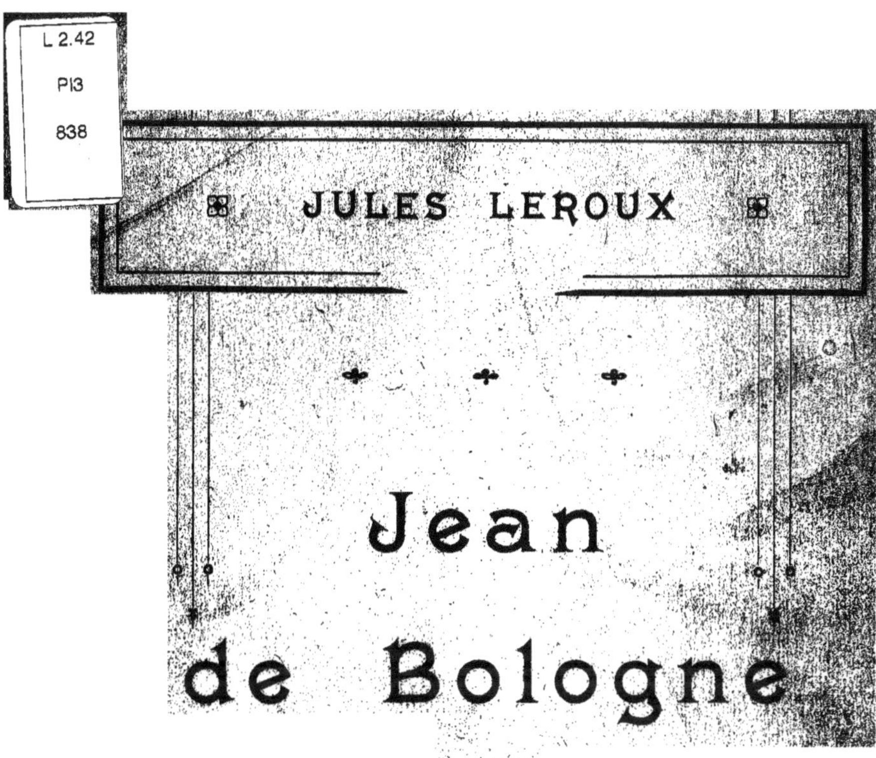

JULES LEROUX

Jean de Bologne

PARIS
EUGÈNE FIGUIÈRE ET Cⁱᵉ ÉDITEURS
7 - RUE CORNEILLE - 7

Aux auditrices,

aux auditeurs

du Cours publie d'Histoire de l'Art du jeudi.

J. L.

Le Vice-Président de la Commission
administrative de Surveillance à
M. Jules LEROUX

Il est des publications qui n'ont pas besoin de préface, spécialement celles qui, comme la vôtre, viennent à leur heure.

En faisant mieux connaître Jean de Bologne au public douaisien, vous lui ferez aimer davantage ce glorieux ancêtre que trop longtemps il a laissé dans l'oubli.

Ses admirateurs ne sauraient garder rancune à sa Ville natale d'avoir tardé jusqu'à présent à se parer d'un joyau si brillant, alors surtout qu'elle projette d'élever à ce grand Douaisien un monument vraiment digne de lui.

Votre brochure sera, sinon le premier acte, tout au moins le prologue de cette glorification impatiemment attendue.

Combien vous avez eu raison de l'ajouter, comme assistant supplémentaire, à l'incomparable trio que forment : Léonard de Vinci, Michel-Ange et Raphaël, par qui l'Art, dans ses manifestations les plus nobles (architecture, peinture, sculpture et décoration) fut porté à un degré de perfection et d'idéale beauté qui n'a pas été surpassé depuis.

Par vos patientes recherches, vos reproductions si nombreuses, et pour la plupart inédites, par les détails biographiques que vous avez recueillis, par vos descriptions, vos appréciations toujours si justes et sous lesquelles bien souvent on sent vibrer votre âme d'artiste et de poète, vous nous l'avez enfin révélé dans la simplicité de sa vie et dans l'importance de son œuvre.

Désormais chacun saura que non seulement il sut parfois, dans ses productions maîtresses, s'approcher des plus grands génies de la Renaissance, mais qu'il fut encore animalier incomparable et merveil-

leux artiste dans les petits bronzes d'ornement dont il fut le très habile créateur.

Si bien que, devant l'imposant mausolée qui lui fut, à Florence, élevé dans l'église Santa Annunziata, on demeure confondu qu'à Douai, nous n'ayons encore pour perpétuer son nom que la plaque banale d'une rue écartée.

Sans doute, il n'avait que seize ans quand il quitta sa patrie et que, conquis par l'Italie, toujours si plaisante aux artistes, il y demeura jusqu'au jour où la Mort vint le surprendre, à 84 ans, dans toute la plénitude de son talent.

Mais si captivant que fut pour lui ce pays d'adoption où s'affina son goût et se développa son génie, jamais il n'oublia sa ville natale, comme en témoignent sa large hospitalité pour les artistes flamands qui le visitaient, ses dispositions dernières par lesquelles il institua pour héritier un petit neveu, âgé de 8 ans, demeuré douaisien, et aussi les paroles qu'il prononce en se présentant à Ginori, le bel Italien : Je suis, dit-il, Jean Bologne de Douai.

Certes, nous devons regretter que cette affirmation de son origine n'ait point, avec son nom, passé à la postérité, et que l'usage ne se soit pas établi de l'appeler Jean de Douai comme on l'a fait pour Léonard de Vinci, Raphaël d'Urbin et bien d'autres ; mais pouvons-nous, sous le prétexte qu'il ne serait pas conforme à son état-civil, toucher à ce nom de Jean de Bologne que trois siècles de gloire ont consacré ?

En pareil cas, la tradition ne doit-elle pas primer l'état-civil ? n'en est-il pas de même au surplus dans les Lettres et dans les Arts ? Laissons donc à tous, artistes ou écrivains, le nom qu'il leur a plu d'adopter et qu'ils ont illustré, ce nom fût-il un sobriquet comme celui de Botticelli dont l'équivalent serait en français « petit tonneau. » La postérité ne connaît et ne veut connaître que celui sous lequel il a conquis gloire ou renommée.

Pour nous, c'est à Jean de Bologne que va notre culte et qu'ira, lorsqu'ils vous auront lu, celui de nos concitoyens.

Très affectueusement à vous.

QUINION-HUBERT.

Données Biographiques

Données Biographiques

L'enfance, la jeunesse, les années d'apprentissage de l'artiste sont mal connues ; ses biographes n'apportent que des renseignements confus et contradictoires. D'ailleurs, la vie d'un artiste ne présente d'intérêt que si elle est agitée, romanesque, comme celle de Cellini, ou si elle sert à expliquer son œuvre : c'est ainsi que la plupart des figures de Michel-Ange seraient peu compréhensibles si on ne les rattachait aux événements contemporains, car il fut avant tout le sculpteur ou le peintre de son âme passionnée. Mais l'existence de Jean de Bologne, même célèbre, est si calme, si unie, qu'elle n'eut aucune influence sur sa production, ou plutôt l'histoire de sa vie se confond avec celle de son œuvre. Nous admettrons sans discussion que l'artiste naquit à Douai en 1524, que son nom véritable est Jean de Boulongne (1), et qu'il était le fils d'un *entailleur*.

D'après Gaci et Baldinucci, sa vocation artistique fut contrariée par sa famille :

« Son père, estimant qu'il pouvait avec une vile plume, ou en vendant des paroles faire son chemin plus sûrement qu'avec le ciseau, voulait qu'il fût procureur ou dresseur de contrats ; mais lui qui avait le cœur dégagé des sentiments vulgaires, enflammé du désir de la gloire, résolut de suivre l'instinct de sa noble nature. »

À l'âge de 16 ans, il partit pour Anvers, à cette époque centre commercial et artistique des pays du nord. Il entra dans l'atelier le plus célèbre, celui de Jacques du Brœucq, originaire de Saint-Omer.

Si le séjour à Anvers s'imposait à tout artiste flamand, le voyage de Rome était obligatoire pour qui aspirait à grand renom. Depuis le départ de Gossart en 1508, tout sculpteur ou peintre septentrional complétait son éducation par un pèlerinage artistique en Italie, et au retour s'inscrivait avec fierté dans une confrérie de romanistes sous le patronage de Saint Raphaël. Jean de Bologne ne fit point exception, d'autant plus que son maître du Brœucq était un italianisant.

Léger d'argent, riche d'espoir, en compagnie des frères Floris, il partit pour Rome, alors remplie de la gloire de Michel-Ange, seul survivant de la grande génération. Il est permis de supposer que, comme tous ses devanciers, Jean de Bologne tomba dans l'émerveillement, et qu'avec enthousiasme, il étudia les antiques, les fresques de Raphaël au Vatican et à la Farnésine, celles de Michel-Ange à la Sixtine, ainsi que ses grands morceaux de sculpture, vingt autres chefs-d'œuvre, et le dernier de tous, le grandiose Saint-Pierre.

Baldinucci rapporte qu'il se hasarda à rendre visite à Michel-Ange. En tremblant, il présenta un petit modèle de son invention, qu'il avait soigné de son mieux, au terrible vieillard qui le prit, le repétrit, lui donna un caractère large et puissant, et dit au jeune artiste interdit :

(1) V. Benjamin Rivière. (*Annales du Nord et de l'Est*. 1908, p. 374-398).

« Eh! commence donc par ébaucher; tu poliras ensuite! »

Jean de Bologne ne fut pas un élève de Michel-Ange, qui, d'ailleurs, ne pouvait en souffrir aucun : il ne vécut pas dans son intimité, car le grand sculpteur, très vieux alors, était d'un abord difficile. Il fut un de ses admirateurs anonymes, et, ce qui est capital, assez intelligent pour ne pas s'asservir à l'esthétique michelangesque.

Après un séjour de deux années à Rome, il dit adieu à ses amis Floris, et reprit le chemin de la France, vers 1553, semble-t-il. Pouvait-il quitter l'Italie sans avoir visité Florence? « Le ciel, dit Baldinucci, qui l'avait destiné à embellir de ses œuvres notre chère Italie, lui inspira sans doute ce désir.

« En passant par Florence, Jean de Bologne fit la rencontre du noble et vertueux Bernard Vecchietti, qui, ayant remarqué avec son coup d'œil de connaisseur et d'homme de goût les études et les copies qu'il rapportait de Rome,

PALAIS VECCHIETTI.

l'engagea fortement à retarder son retour dans sa patrie, et à demeurer quelque temps dans une cité où il était entouré des chefs-d'œuvre de Michel-Ange et d'autres sculpteurs, et, comme l'état de pauvreté du jeune homme réclamait un secours plutôt qu'un conseil, il lui offrit de l'héberger dans son propre palais, pendant deux ou trois ans, lui procurant toute facilité pour travailler, et ce qu'il avait promis, il l'exécuta. »

L'éducation artistique du sculpteur douaisien, commencée à Anvers, continuée à Rome, s'acheva donc à Florence où il devait demeurer jusqu'à sa mort. Il ne faut pas s'exagérer d'ailleurs l'influence de l'incomparable ville d'art qu'est actuellement la Ville de la Fleur sur la formation de Jean de Bologne. Aujourd'hui c'est surtout l'art du quattrocento qui attire le visiteur, avec les fresques de l'Angelico, de Gozzoli, de Masaccio, de Ghirlandjo, les tableaux précieux de Gentile da Fabriano, de Botticelli, des Lippi, de Lorenzo di Credi, la statuaire vigoureuse ou gracieuse de Donatello, de Luca della Robbia, de Verrocchio et des petits maîtres florentins. Mais la Renaissance savante méprisait l'art des primitifs. Sans scrupule ni remords, Michel-Ange faisait abattre les fresques du Pérugin à la Sixtine, et, naturellement, ses disciples poussaient l'intransigeance jusqu'au vandalisme. Quand Jean de Bologne arriva à Florence, Botticelli, pour ne citer qu'un exemple, était complètement oublié, et son nom ne figure pas sur la liste des artistes célèbres, établie pour le grand-duc de Toscane. Le nouveau venu put étudier les antiques des collections médicéennes, les figures des Tombeaux des Médicis à San Lorenzo, et, ce qui est fâcheux, subit l'influence d'un académisme décadent dont le pontife était le très médiocre Vasari.

Bernardo Vecchietti et son protégé se lièrent d'une amitié qui devait durer jusqu'à leur extrême vieillesse, jusqu'à la mort du mécène en 1590.

Bâti au centre de la vieille ville, non loin de la place de la Seigneurie, le palais Vecchietti demeure le type des beaux palais florentins du xvie siècle, élégants, de sobre architecture, où seuls les lourds bossages d'angles rappellent les massives forteresses du xve siècle. L'écusson, aux armes des Vecchietti,

Photo J. Leroux.

VUE DU VAL D'EMA

famille illustre, immortalisée par un passage de Dante, est fixé au coin de la rue, à la hauteur du second étage. Dans sa vieillesse, Jean de Bologne restaura la maison de son bienfaiteur, dessina la belle corniche qui la couronne, et exécuta le petit *Satyre*, torchère décorative d'une fantaisie amusante, dont un moulage se trouve au musée de Douai.

L'été, Vecchietti emmenait son sculpteur dans une villa qu'il possédait aux environs de Florence : la villa del Riposo. Elle serait encore aujourd'hui la demeure élue d'un artiste, cette vigna jolie, blanche et rouge derrière les cônes de bronze des cyprès, d'où l'on domine ce coin de nature d'une beauté incomparable : le val d'Ema. A l'horizon, c'est un lent plissement de collines bleutées ; plus près, les mamelons se desserrent, couverts d'oliviers au feuillage argenté, dans lesquels éclate la blancheur d'un sentier tortueux ou la façade d'une villa. Autour de la villa del Riposo, de très vieux oliviers, aux troncs gercés, semblent se souvenir ; les pêchers croulent de fruits roses ; les vignes, de grappes bleues, dont la senteur fraîche atténue le parfum violent des plantes aromatiques brûlées de soleil aux pentes du coteau. Le silence, grave, n'est troublé que par le chant

métallique des cigales, un cri d'enfant montant de la vallée ou la cloche lointaine de Grassina. Songer dans le décor qui fut familier au grand sculpteur, et qui est demeuré le même, c'est un peu s'approcher de lui, c'est se préparer à le mieux comprendre.

Très modestes furent les débuts de l'artiste. Il exécuta des travaux de bon tailleur de pierre pour la confrérie del Ceppo, pour le palais Griffoni, des ouvrages de terre cuite et de cire, et peut-être la *Madone au Tabernacle*, dans le pittoresque quartier du Cure.

En 1558, Vecchietti lui ayant procuré un bloc de marbre, il en tira une Vénus, fort admirée. Cette statue, perdue aujourd'hui, fut achetée par le prince François de Médicis.

C'était le premier grand succès de l'artiste; Vecchietti jugea le moment opportun de présenter son protégé à la cour des Médicis.

Jean de Bologne et les Médicis

La branche aînée des Médicis disparut avec Alexandre, assassiné par Lorenzaccio en 1537. Les premiers Médicis, par leur intelligence, leur faste et leur rôle de mécènes, avaient fait de la Florence du xve siècle la capitale de l'Italie; et justement célèbres demeurent les noms de Cosme le Vieux, de Laurent le Magnifique et du pape Léon X.

Les Médicis de la branche cadette qui leur succédèrent, se montrèrent, en

Photo *J. Leroux*.
LA MADONE AU TABERNACLE
(Florence-Cure).

général, des princes dégénérés, des tyrans débauchés et cruels; ils prirent le titre de grands-ducs de Toscane, avec l'appui des Impériaux, et se rendirent odieux, tandis que les premiers avaient su exercer le pouvoir en respectant les formes du gouvernement démocratique.

Ces despotes tenaient à leur réputation de mécènes. Peu connaisseurs, souvent parcimonieux, ils attiraient les artistes à leur cour, savaient trouver pour chacun le mot qui flatte et qui retient, et, à bon compte, s'assuraient les services de Buontalenti, Bandinelli, l'Ammanato, le Tribolo, Cellini, Jean de Bologne, etc

Quand ce dernier fut présenté à la cour, le duc régnant était Cosme Ier, le premier qui porta le titre de grand-duc de Toscane (1519-1574). Fils du célèbre condottière Jean des Bandes-Noires, il se montra d'une cruauté froide dans le sac de Sienne comme dans la répression de la sédition des Strozzi. Protecteur des arts, il préféra un Bandinelli ou un Ammanato à Cellini et à Jean de Bologne, ainsi qu'en témoigne l'affaire du Géant, qu'il nous faut résumer.

Depuis longtemps, Cosme Ier projetait de faire élever une fontaine monumentale à l'angle du Palais Public, près du Marzocco, dont le sujet serait Neptune dans son char traîné par des chevaux marins. Il avait à sa disposition un merveilleux bloc de marbre convoité par les sculpteurs florentins, et surtout par Bandinelli, qui, avec son immodestie habituelle, écrivit au duc :

« Daignez faire attention aux esquisses des fontaines que je vous envoie. Son Excellence m'a dit et répété qu'elle veut que ces fontaines surpassent toutes les autres. Pour lui obéir, j'ai fait d'actives recherches relativement aux maîtres qui ont travaillé aux fontaines de Messine ; on n'a rien épargné pour les rendre magnifiques. Je promets à Son Excellence, si mes travaux lui agréent, de lui ériger une fontaine qui surpassera toutes celles qu'on voit aujourd'hui dans l'univers ».

Protégé par la duchesse, Bandinelli allait obtenir la commande, lorsqu'intervint le terrible Benvenuto Cellini. Le passage de ses Mémoires où il est question de cette fontaine du Neptune est des plus curieux. Il intrigua contre Bandinelli. « J'agis ainsi, non par envie contre cet homme, mais par compassion pour ce malheureux et admirable marbre. »

Puis il exigea un concours entre les artistes de Florence :

« Je dis que nos ancêtres n'étaient parvenus à rendre notre école aussi illustre qu'en faisant concourir les artistes entre eux. C'est à cette noble coutume que nous devons notre admirable coupole, les superbes portes du Baptistère, et tant de statues et de temples splendides ».

Bandinelli mourut. Le concours réunit Benvenuto Cellini, l'Ammanato, favori du duc, un sculpteur de Pérouse, Vincenzio Danti et Jean de Bologne, encouragé par Bernardo Vecchietti et le prince François. Pour exécuter la maquette, Cellini et l'Ammanato s'installèrent dans la Loggia dei Lanzi, Danti dans le palais d'Octavien de Médicis et Jean de Bologne dans un cloître de Santa Croce.

L'issue du concours n'était pas douteuse ; l'Ammanato fut déclaré vainqueur ; la maquette de Jean de Bologne, nouveau venu et encore obscur, ne fut même pas examinée.

La relation de cet évènement artistique se trouve dans une lettre de Leone Leoni à Michel-Ange, dont voici un extrait :

« Très magnifique et respecté seigneur,
...L'Ammanato a obtenu le marbre et l'a transporté chez lui. Benvenuto fulmine et crache le poison, il lance du feu par les yeux et brave le duc par la langue. Quatre per-

sonnes ont fait des modèles : l'Ammanato, Benvenuto, un sculpteur de Pérouse et un Flamand dit Gian Bologna. L'Ammanato a fait, dit-on, le meilleur, mais je ne l'ai pas vu, parce qu'il était enveloppé... Benvenuto m'a montré le sien... Vincenzio Danti a très bien réussi pour un jeune homme, mais il n'a pas voix au chapitre. Le Flamand est condamné aux dépens et il a travaillé sa terre très proprement. Voilà ce que j'ai à dire à Votre Seigneurie de l'affaire du Géant... »

Vasari, qui connaissait bien notre sculpteur, apporte son témoignage :

« Au jugement de beaucoup d'artistes et de connaisseurs, le modèle de Jean de Bologne était le meilleur dans la plupart des parties ».

Jean de Bologne, « condamné aux dépens », sortit grandi de cette épreuve, où il venait de se mesurer avec les meilleurs sculpteurs de Florence. Il put voir l'œuvre lamentable de l'Ammanato, ce Neptune colossal sur un piètre soubassement, dressé comme un gorille à l'angle du Palais-Vieux, œuvre de décadence, dont la vue permet de constater la supériorité de l'artiste douaisien sur les disciples dégénérés de Michel-Ange. D'ailleurs, Jean de Bologne devait prendre une éclatante revanche en édifiant à Bologne sa fontaine du Neptune.

En art comme en politique, le grand-duc Cosme 1er avait de violents parti-pris; il protégea successivement Bandinelli, l'Ammanato, se servit à contre-cœur de Cellini, et ne semble pas avoir deviné le talent du sculpteur douaisien. Vecchietti jugea plus habile de le présenter au prince héritier, François de Médicis, associé par son père depuis 1558 au gouvernement de la Toscane.

C'est donc François de Médicis, qui jusqu'à sa mort, survenue en 1587, sera le protecteur officiel de Jean de Bologne. Dans son Voyage en Italie, Montaigne parle de ce prince s'occupant « à besoingner lui-même à contrefaire des pierres orientales et à labourer le cristal, car il est prince souingneux, un peu de l'archémie et des méchaniques et surtout grand architecte. »

François continua les traditions de la famille, ruina son peuple au point que les paysans renoncèrent à cultiver la terre. Cependant, il tenait cour fastueuse et encourageait les arts, poussé d'ailleurs par sa favorite Bianca Capello.

Fille d'un patricien de Venise inscrit au Livre d'Or de la République, d'une beauté et d'une intelligence merveilleuses, elle est restée le type de l'aventurière sans scrupule et sans vergogne. A l'âge de 16 ans, elle s'enfuit à Florence avec un commis de la banque Salviati qu'elle épousa. Peu après, elle devint la maîtresse du grand-duc François, qu'elle sut retenir, même après son mariage avec l'archiduchesse Jeanne d'Autriche (1565). Obstinée, à force d'intrigues, elle parvint à se faire présenter à la cour et à éclipser l'épouse légitime. A la mort de Jeanne d'Autriche, le grand-duc l'épousa secrètement, puis l'année suivante eut lieu la cérémonie officielle, fastueuse, où l'on dépensa 300.000 ducats. Dès lors, les fêtes se succédèrent à la cour. La beauté de Bianca, son esprit, son amour du luxe, en firent la princesse la plus admirée de l'Italie. Un passage curieux de Montaigne nous donne quelques détails sur cette cour du grand-duc. Montaigne n'est pas ébloui, il note simplement ceci :

« ... MM. d'Estignac et moi fusmes au dîner du grand-duc, car là on l'appelle ainsi. Sa femme est assise, au lieu d'honneur... Cette duchesse est belle à l'opinion italienne, avec son visage agréable et impérieux... Elle semblait bien

avoir la suffisance d'avoir enjôlé ce prince, et de le tenir à sa dévotion longtemps. Le duc est un gros homme noir de ma taille, de gros membres, le
visage et contenance pleine de courtoisie, passant toujours découvert au travers de la presse de ses gens qui est belle. Il a le port sain, et d'un homme de
quarante ans. De l'autre côté de la table était le cardinal et un autre jeune
homme de 18 ans, les deux frères du duc. On porte à boire à ce duc et à sa
femme dans un bassin où il y a un verre plein de vin découvert et une bou-
teille de verre pleine d'eau... Il mettait assez d'eau; elle, presque point. »

Bianca aimait beaucoup séjourner dans les villas ducales autour de Florence.
François fit bâtir pour elle la villa de Pratolino, et aménager les autres, les
villas de Poggio a Cajano, de Castello et de la Petraja; elle voulait de beaux
jardins et de belles fontaines, et ses caprices étaient réalisés par l'Ammanato,
Tribolo et Jean de Bologne. C'est à elle que ce dernier s'adresse pour obtenir
d'être payé par le grand-duc; il écrit à la courtisane parvenue de très humbles
lettres comme celle-ci :

28 février 1583.

Le Sérénissime Grand-duc mon seigneur, après des promesses réitérées, m'a affirmé
récemment d'une façon si positive et si claire qu'il me tirerait de ma pauvreté que je lui
manquerais en ne le croyant pas. Ses autres affaires auront détourné son attention. C'est
pourquoi, si votre Altesse daigne joindre à la lettre très courte que j'écris, une de ses
saintes paroles, je ne doute point du succès.

Je la prie et la supplie.

GIO BOLOGNA.

Il convient d'ajouter que Bianca intervenait volontiers pour le sculpteur qui
contribuait à faire des villas ducales les plus belles de l'Italie. Avant de visiter
ces demeures somptueuses, tour à tour décor de fêtes de l'esprit, de débau-
ches et de crimes, résumons la tragédie qui souilla l'une d'elles, et qui mit fin
à l'histoire du grand-duc François et de Bianca Capello.

Celle-ci voulait gagner les frères de son mari, qui ne lui pardonnaient pas
son élévation, et surtout le plus hostile de tous, le cardinal Ferdinand de
Médicis, celui dont Montaigne parle ci-dessus. Le 19 octobre 1587, elle fit
donner par son époux un grand souper dans sa villa de Poggio a Cajano.
Jusqu'à l'aube, la fête fut splendide. Bianca croyait avoir gagné la partie
lorsque tout-à-coup le grand-duc s'affaissa; elle-même sentit des douleurs terribles; elle tomba morte. On soupçonna le cardinal Ferdinand de les avoir fait
empoisonner. Le grand-duc reçut seul les honneurs de la sépulture; le corps de
Bianca fut jeté dans la fosse commune de San Lorenzo. Quelque temps après,
Ferdinand renonçait au cardinalat, pour devenir grand-duc; nous le retrouve-
rons, entourant la vieillesse de Jean de Bologne de soins affectueux.

C'est dans ce milieu de luxe, d'intrigues et de corruption que vécut l'artiste
douaisien, et il eut le très grand mérite d'y rester honnête et d'y vivre pauvre.
Le grand-duc François se l'était attaché depuis 1561, lui donnant un salaire de
13, puis de 25 écus par mois, et un atelier dans son palais.

Dans sa vie sans évènements, on ne trouve que des préoccupations artisti-
ques, et aussi des soucis d'argent. C'est un modeste, vivant volontairement
effacé, travailleur infatigable, produisant à lui seul autant que ses rivaux
réunis. Il n'a pas la suffisance et la morgue des Bandinelli ou des Ammanato;
ni la faconde, l'audace, et l'immense vanité d'un Cellini. On le devine, soit

dans son atelier de Florence, soit dans la villa del Riposo, au milieu de ses élèves qui l'aimaient pour sa science et sa générosité, calme, laborieux, ne songeant qu'à réaliser son rêve de beauté. Il gagna beaucoup d'argent et vécut dans la gêne; il ne chercha pas les honneurs, mais les honneurs vinrent à lui; il ne vantait pas ses œuvres, mais en connaissait la beauté; il paraissait peu à la cour, mais les grands-ducs qui l'employèrent l'estimaient entre tous les autres artistes.

Nous avons conservé une lettre curieuse qui nous renseigne sur le caractère du grand sculpteur. Elle est adressée par l'archiprêtre Simone Fortuna, à la date du 27 octobre 1581 au duc d'Urbin, qui désirait posséder une œuvre de Jean de Bologne.

Voici les passages les plus importants de cette lettre :

...« Je suis allé trouver Jean Bologne qui habite à deux milles de Florence (*à la villa del Riposo*). Comme c'est un homme d'un rare mérite et qui jouit de la plus grande faveur auprès du Grand-Duc, j'ai cherché depuis longtemps à me faire bien venir de lui; et je crois qu'il ne me veut pas de mal, parce que je n'ai cessé de louer ses œuvres, surtout en présence de Son Altesse, qui a daigné me les montrer plus d'une fois, surtout à Pratolino. C'est bien la meilleure personne qui se puisse trouver; nullement avare, et ce qui le prouve, c'est qu'il est très pauvre : tout entier tourné vers la gloire, en n'ayant qu'une ambition, celle d'arriver à être un second Michel-Ange.

(*Simone Fortuna présente sa requête. Jean de Bologne ne peut travailler pour lui, étant très occupé*).

...« Il a à la main à beaucoup d'œuvres, toutes d'importance : un groupe de trois statues qui est fort avancé et qui sera placé près de la Judith de Donatello, l'Enlèvement d'une Sabine; une statue du duc Cosme, etc.

(*Jean de Bologne lui offre d'exécuter quelques petits bronzes*).

« Il y a ici beaucoup d'autres sculpteurs, mais ils sont à une distance de mille milles; je n'en excepte pas l'Ammanato. Quant à moi, j'aimerais mieux avoir une seule chose de la main de Jean Bologne qu'une quantité d'objets de la façon de n'importe quel autre; et je suis assuré que si votre Excellence voyait de ses yeux ses figures en bronze, plus parfaites de jour en jour, elle se rangerait à mon opinion.

« J'ai fait bien des démarches pour savoir à peu près, avec adresse et discrétion, quel serait le prix exigé; je n'ai pu rien apprendre. L'artiste m'a dit et répété qu'il ne fait nul cas de l'argent; il ne fait jamais de conventions avec personne; il prend ce qu'on lui donne... J'ai calculé que chaque statuette pourrait à la rigueur lui être payée cent écus, et ce serait, à mon avis, de l'argent bien dépensé, car toute œuvre sortie de la main du grand sculpteur ne saurait être qu'excellente. On sait en effet qu'il est dans l'habitude de racheter les ouvrages de sa jeunesse qui ne lui paraissent plus bons, plus cher qu'il ne les a vendus, pour les détruire ensuite; et plus d'une fois il a supplié le grand-duc de lui laisser refaire la Vénus que S. A. a dans sa chambre, et il se désespère de ne pouvoir l'obtenir.

« On pourrait d'ailleurs lui faire quelques politesses, quelque envoi de bons mets et surtout de bons vins dont il fait grand cas. C'est, paraît-il, ainsi qu'on en use, quand on veut être bien et promptement servi par cet homme surprenant qui ne perd jamais une heure ni jour ni nuit, et qui supporte une fatigue excessive sans se donner de relâche... »

Voilà qui nous renseigne mieux sur le caractère de l'homme et la probité de l'artiste que la prose verbeuse de Baldinucci. D'ailleurs, à défaut de textes précis, on n'aurait qu'à examiner les portraits qui nous restent de Jean de Bologne pour pénétrer facilement dans l'âme grave et modeste du grand sculpteur.

Son portrait par le Bassan, du Musée du Louvre, est une réplique : l'original est exposé dans une collection florentine. Vêtu d'un pourpoint sombre, le cou entouré d'une fraise légère, l'artiste paraît âgé d'une cinquantaine d'années. On peut en voir une copie au Musée douaisien.

Au Musée douaisien également se trouve une copie italienne moderne d'un portrait du sculpteur que nous reproduisons. C'est Jean de Bologne à 40 ans : cheveux noirs, barbe courte et peu fournie, la tête intelligente, affinée par l'élégance du costume et le rehaut de la fraise à un seul rang de godrons. Dans le fond, par l'ouverture qui s'ouvre à droite, on distingue nettement deux des œuvres célèbres du maître : l'Océan du bassin de l'Isoletto, et la Baigneuse de la Petraja.

Mais la plus belle effigie de l'artiste, parvenu à l'extrême vieillesse, est un

Photo Houdé.
PORTRAIT DE JEAN DE BOLOGNE
(Musée de Douai).

buste du Louvre, bronze et marbre, exécuté vraisemblablement par Tacca. Avec son front chauve, sa longue barbe tombant sur la poitrine, il apparaît comme un patriarche de la sculpture. Le visage, calme, grave, sans fadeur et sans inquiétude, exprime l'intelligence et la bonté. Les yeux s'ouvrent larges, et la bouche assez forte, avec la lèvre supérieure en surplomb, dit la bienveillance et la franchise ; l'ensemble révèle une santé robuste, un caractère égal, une gravité qui sait sourire. Et c'est pour sa courtoisie affectueuse, pour son accueil toujours affable, pour sa générosité discrète, autant que pour la puissance de son talent qu'il était universellement estimé, surtout par ses nombreux élèves : les Franqueville, les Tacca, et vingt autres, qui se pressaient autour de lui.

Mais si les grands-ducs le tenaient en haute estime, ils se montraient parcimonieux à son égard, et plus d'une fois, le sculpteur dut leur adresser des suppliques par l'intermédiaire de quelque favori, pour obtenir de quoi subsister. Nous connaissons déjà celles qu'il écrivait à Bianca Capello ; en voici une

autre, non moins navrante qu'il adresse au chevalier Serguidi, un des familiers du grand-duc.

« Le besoin dans lequel je me trouve, le poids des années et les promesses positives et réitérées de S. A. S. m'enhardissent à remettre aux mains de V. S. la supplique ci-incluse dont le contenu me semble justifié, si mon propre intérêt ne m'abuse pas. Les œuvres que j'ai faites pour S. A. S. avec convention de paiement, dans le temps où pour mon seul entretien je recevais 13 écus par mois, ont été beaucoup plus nombreuses qu'on ne le dit, et leur estimation dépasserait de beaucoup la valeur de la récompense que je sollicite; je ne réclame rien comme m'étant dû, mais seulement à titre de don.

C'est à bien peu de frais que j'ai exécuté pour S. A. S. tant et tant d'ouvrages, avant

Photo J. Leroux.

MAISON DE JEAN DE BOLOGNE
(Borgo Pinti)

comme après l'époque où mon salaire fut augmenté... Je dépenserai dans son Etat ce qui vient d'Elle et ce qui est à moi; je cesserai de l'importuner, et je n'aurai pas à rougir de n'avoir pas, après tant de travail et de temps, acquis les moyens de vivre. Cependant, je vois plusieurs de mes serviteurs et de mes élèves qui, avec ce qu'ils ont appris de moi et avec mes propres modèles, ont été, après m'avoir quitté, comblés de biens et d'honneurs; et il semble qu'ils se rient de moi, qui, pour rester au service de S. A. S., ai repoussé les offres très larges du roi d'Espagne et de l'Empereur. Je ne m'en repens pas, et j'espère n'avoir pas à m'en repentir, grâce à la bonté de S. A. S. Je prie V. S. d'être auprès d'elle mon interprète, et de dépenser en ma faveur quatre paroles. Ces paroles, je ne saurais pas les dire, ayant mis toute mon étude à agir plutôt qu'à parler. En me recommandant à S. A. S., je vous prie de lui dire que j'ai le pressentiment que, à la Saint-Jean prochaine, elle daignera me faire honneur et plaisir ».

P. S. — J'ai eu vue deux propriétés, l'une à Parolatico, l'autre vers l'Impruneta, l'une et l'autre de la valeur de 3.000 écus.

GIO BOLONGNA.

Le Grand-duc s'exécuta ; il fit don à son sculpteur de quelques propriétés qu'il avait confisquées, ce qui lui permit de se montrer généreux à peu de frais, et fit exécuter des travaux dans la maison que Jean de Bologne possédait à Florence.

Cette maison s'élevait dans le quartier Est, aujourd'hui encore très pittoresque, aux rues étroites et sombres. A l'ombre des maisons, hautes, aux étages à encorbellement, aux fenêtres grillagées, grouille une population bruyante, empressée autour des marchés aux fruits. Comme toutes les rues convergent vers la cathédrale, on aperçoit toujours au fond l'abside éblouissante de Santa Maria del Fiore ou la courbe imposante de la coupole de Brunelleschi.

La maison de Jean de Bologne se trouve au n° 26 du Borgo Pinti. La façade a conservé son aspect d'autrefois. Au-dessus de la porte d'entrée, une console finement sculptée supporte le buste de Ferdinand Ier, grand-duc de Toscane ; au-dessus, à la naissance du second étage, un écusson aux armes de Jean de Bologne.

Après avoir franchi le seuil, on se trouve dans une cour bordée d'arcades. A droite, s'étendaient les ateliers, les fours à fondre le bronze ; on y a installé des écuries. Sur les murs du *cortile*, on lit deux inscriptions glorifiant le sculpteur et les œuvres qui furent exécutées là. Rien d'autre ne rappelle le temps où l'artiste douaisien habitait cette maison ; les étages ont été transformés en asile pour les enfants israélites. Toutefois, on s'émeut en songeant que tant de chefs-d'œuvre ont passé par cette porte, et qu'un jour d'août 1608 elle s'ouvrit pour le cercueil du maître qui mourut doucement dans sa maison du Borgo Pinti.

Nous connaissons la situation de l'artiste à la cour des grands-ducs, son caractère ; nous avons visité le palais Vecchietti, la villa del Riposo et sa maison du Borgo Pinti ; nous sommes entrés un peu dans l'intimité de sa vie ; il nous faut maintenant entrer dans l'intimité de ses œuvres, que nous grouperons sous les trois chefs suivants :

1. — Les grands chefs-d'œuvre ;
2. — Décoration des villas et jardins ;
3. — Le réalisme de Jean de Bologne.

I. — Les grands chefs-d'œuvre.

Ce sont les œuvres demeurées populaires, celles qui du vivant de Jean de Bologne lui assurèrent une célébrité européenne.

L'artiste visait au grand style, et l'atteignit souvent. Parfois aussi, il échoua. Le théâtral des attitudes, l'abus de l'allégorie, défauts d'un académisme prétentieux, ne sont pas exempts de plusieurs de ses œuvres. La *Fiorenza*, ou la *Vertu enchaînant le Vice*, fade réplique d'une Victoire attribuée autrefois à Michel-Ange, et l'*Architecture*, toutes deux dans le *cortile* du Bargello, laissent le visiteur indifférent, à moins qu'il ne s'intéresse à la virtuosité du praticien.

Vers 1559, il avait exécuté pour le prince François, un *Samson terrassant*

Photo Hauté.

SAMSON ET LES PHILISTINS
(Musée de Douai).

un Philistin, où, paraît-il, l'habileté du métier le cédait à la valeur dramatique :

« Ce groupe, dit Baldinucci, fut placé au-dessus d'une vasque soutenue par des monstres marins de formes bizarres, mais fort belles d'exécution... Dans ce groupe du Samson, Jean de Bologne s'est surpassé. »

L'œuvre, qui passa en Espagne, est aujourd'hui perdue. Le sculpteur s'inspira d'un dessin de Michel-Ange (Windsor), ainsi que le montrent ses propres esquisses conservées aux Offices. Il en reste un autre témoignage, la terre cuite originale du musée de Douai : *Samson massacrant les Philistins.*

C'est une des meilleures de l'artiste, qui n'en donna que d'excellentes. Une pyramide de membres enchevêtrés; formant la base du groupe, les Philistins massacrés; dans la partie médiane, les Philistins qui luttent ou supplient; et couronnant le tout, le poing terrible brandi. L'œuvre est d'un virtuose, et d'un bon disciple de Michel-Ange.

Comme l'original du Samson est perdu, comme La Fiorenza et l'Architecture sont, à notre avis des œuvres médiocres, nous n'en parlerons pas davantage, réservant notre admiration pour cette série d'incontestables chefs-d'œuvre : La Fontaine du Neptune, le Mercure Volant, l'Enlèvement de la Sabine, Hercule et le Centaure, la statue équestre de Cosme Ier.

1. — La fontaine de Neptune, à Bologne.

En 1563, le pape demanda au prince François de lui prêter son sculpteur pour le charger de l'érection d'une fontaine monumentale sur la place de Bologne. Le grand-duc y consentit. Notre artiste allait prendre une revanche brillante du concours de Florence, en élevant la belle fontaine de Neptune. En janvier 1567, l'œuvre était terminée, et les Quarante du gouvernement de Bologne écrivaient au grand-duc « que le maître ayant terminé son œuvre à la

Photo J. Leroux.

BOLOGNE. — FONTAINE DU NEPTUNE.

satisfaction générale, ils le renvoyaient à S. E. avec l'expression de leur plus vive gratitude ».

L'Italie comptait un chef-d'œuvre de plus. Jean de Bologne avait 43 ans.

Le Neptune vit dans un cadre grandiose. A sa gauche, se dresse, massif

comme une forteresse, le palais du Podestat. En face, le Palais communal, d'aspect plus farouche encore, avec ses mâchicoulis, ses créneaux qui n'étaient pas que décoratifs, au temps où Jean de Bologne travaillait au pied. Du sol jusqu'aux premières fenêtres, les murs inclinés forment un véritable rempart, sans ouvertures, ce qui rendait l'assaut du Palais à peu près impossible.

Il faut avoir vu ce décor et se souvenir de l'histoire agitée de Bologne pour comprendre la beauté grandiose du Neptune. Ce colosse est fait pour se dresser dans un décor formidable ; si, détaché de son socle, il paraît un géant ; sur la place de Bologne, il est à l'échelle de l'architecture ; et d'autre part, sa silhouette puissante s'accorde parfaitement avec les larges oppositions d'ombre et de lumière qui se détachent sur les hauts murs de briques.

Sur la place de la cité tumultueuse, entre les façades hostiles des deux grandes forteresses municipales, le Neptune étend la main, geste de domination, geste de protection, geste de paix. Son geste, ainsi que sa force herculéenne, il l'impose à un peuple toujours bouillant, toujours en révolte contre l'Empereur, le pape, les tyrans, le roi de France, l'Autrichien. Le dieu et son peuple sont dignes l'un de l'autre.

La fontaine se compose d'un bassin quadrangulaire, à coins profilés, à retraits et saillies, posé sur trois degrés de marbre rouge.

Couronnant le tout, Neptune, le trident dans la main droite ; de la main gauche, le dieu de la mer fait le geste qui apaise les flots. Le torse, musculeux et robuste, est d'un athlète olympien, au visage calme et digne.

Les éléments décoratifs du socle et du soubassement sont naturellement empruntés au royaume de Neptune : dauphins et sirènes.

Assis à ses pieds, aux quatre angles de la corniche du piédestal, quatre enfants de bronze tiennent dans leurs deux mains un dauphin lançant l'eau qui tombe dans des conques marines. Ces enfants, espiègles, rieurs, peuvent entrer en comparaison avec l'*Enfant au Poisson*, de Verrocchio. En dessous, des silhouettes de dauphins suivent les angles du socle, et leur mufle se recourbe au-dessus de coquilles.

A chaque angle du soubassement se replie une sirène de bronze. Entre ses jambes recouvertes d'écailles, et terminées en queue de poisson, ressort une tête de dauphin qui semble renâcler dans l'eau éclaboussée. De ses deux mains, la sirène presse ses seins d'où elle fait jaillir un filet d'eau.

Adaptation parfaite de la fontaine à la place, d'un Neptune colossal au décor architectural, beauté grandiose de la figure du dieu, convergence des éléments décoratifs vers le motif principal, pittoresque des quatre enfants et des quatre sirènes, grandeur de l'ensemble et beauté du détail, l'œuvre entière est harmonieuse et mérite d'être rangée parmi les œuvres excellentes de l'Italie.

2. — L'Enlèvement d'une Sabine.

Le grand-duc avait commandé à son sculpteur un groupe de personnages plus grands que nature représentant un enlèvement. Jean de Bologne exécuta

son chef-d'œuvre le plus populaire : l'Enlèvement de la Sabine, qui consacra
définitivement sa gloire.

« Comme il méditait sur la façon dont il réaliserait l'idéal qu'il avait conçu,
dit Baldinucci, il fit un jour une heureuse rencontre. Il y avait à Florence un
jeune homme remarquable par sa belle stature. Il s'appelait Bartolommeo di
Lionardo et appartenait à la noble famille des Ginori. Le peuple le désignait
sous le nom du bel Italien. Un jour que notre sculpteur, tout absorbé par son
idée, était entré dans l'église de San Giovannino, il aperçut Ginori qui priait ;
frappé par la taille majestueuse du gentilhomme et de ses belles proportions,
il s'arrêta et se mit à le contempler... Puis il s'approcha : Je suis, dit-il, Jean
Bologne de Douai, sculpteur du grand-duc ; je dois exécuter un groupe représentant un enlèvement ; s'il m'était permis de faire sur votre personne quel-

Enlèvement d'une Sabine
(Loggia dei Lanzi).

ques études, ce serait une bonne fortune pour moi et plus encore pour mon
art. »

Le jeune homme consentit à poser, et il put se reconnaître dans le Romain
qui tient en ses bras la Sabine. Le sculpteur avait exécuté son œuvre sans
songer à lui donner un nom. En toute simplicité, il accepta celui que ses amis,
après discussion, lui proposèrent : l'Enlèvement d'une Sabine, et il ajouta sur
le socle de la statue un beau bas-relief de bronze représentant le rapt des
Sabines par les compagnons de Romulus.

Lorsqu'en 1583, on découvrit la statue sous la Loggia dei Lanzi, une explo-
sion d'enthousiasme salua un chef-d'œuvre nouveau. L'artiste fut acclamé et
reconduit en triomphe jusqu'à sa demeure. Selon l'usage, les poètes se mirent
en frais. Chaque jour, des sonnets et des pièces de vers étaient suspendus à la
statue, en si grand nombre qu'on en composa un recueil qui forme un volume
entier.

Lorsqu'on se trouve devant ce groupe, on comprend l'admiration des Florentins du XVIᵉ siècle. Haute de 4 mètres, la statue s'enlève puissamment dans

l'arcade de la Loggia. On oublie vite que le vieillard qui en forme la base a peu d'intérêt et que son attitude est disgracieuse. A la stature puissante du Romain solidement musclé s'oppose la grâce fragile de la Sabine; au geste contracté du ravisseur, le balancement harmonieux des bras éplorés, qui fait de la jeune victime une des plus belles créations de la statuaire moderne. La force, victorieuse; des bras noueux qui emprisonnent; la grâce, captive, qui se débat comme un oiseau blessé. Contraste puissant et pathétique!

L'exécution témoigne d'une audacieuse virtuosité. Tout ce groupe est taillé dans le même bloc de marbre; et, sans être adossé, sans aucun tenon d'appui, jaillit le corps de la Sabine. L'artiste a montré sa science de l'anatomie en modelant un athlète vigoureux, détaillant le jeu des muscles mis en action

Photo J. Leroux.

L'ENLÈVEMENT D'UNE SABINE ET LA PLACE DE LA SEIGNEURIE.

par l'effort violent, tandis que les chairs de la jeune fille ont le poli translucide de l'ivoire; là encore le contraste est d'un grand artiste.

Ce groupe célèbre est demeuré en place depuis 350 ans, sous son arcade de la Loggia dei Lanzi, chef-d'œuvre parmi d'autres chefs-d'œuvre. A l'angle du Palais des Offices, à quelques pas du Palais Vieux, la Loggia est en effet un musée en plein air, où l'on peut admirer avec l'Enlèvement de la Sabine et l'Hercule et le Centaure de Jean de Bologne, le Persée de Cellini, la Judith de Donatello, l'Enlèvement de Polyxène par Fedi et quelques statues antiques adossées aux murs du fond.

Tout le jour, la foule circule; les enfants jouent dans la Loggia; les guides allongés sur les marches, fument un âcre virginia ou mangent une tranche de pastèque. Le jour du marché de Florence, les gens traitent leurs affaires, sous la protection des bons lions qui roulent une boule sous leur patte.

Quand le soir tombe, quand la foule est partie, lorsque, à petit bruit, jouent des enfants attardés, le chef-d'œuvre de Jean de Bologne prend une beauté singulière, et le visiteur se sent saisi d'une émotion grave et profonde. Le groupe se silhouette puissamment sur le ciel, où le bras de la Sabine dessine son geste éperdu. N'a-t-on pas entendu un appel désespéré? Oui, si l'on tressaille, c'est d'avoir entendu un grand cri. Et devant le décor qui s'estompe sous la cendre du soir, on comprend le sens de ce geste et de ce cri. En face s'étend la Place de la Seigneurie, le Forum de Florence, qui vit tant de luttes et de triomphes; c'est là qu'une faction furieuse décida l'exil de Dante; c'est là qu'on brûla Savonarole. A droite, le palais Public si souvent ensanglanté, aux fenêtres effrayantes comme des yeux crevés; c'est sous ces meurtrières de forteresse qu'aux jours de répression, les cadavres des pendus se balançaient. Le geste de la Sabine s'érige entre le clocher de la Badia dont le glas succédait au tocsin du Palais-Vieux, et la tour carrée du Bargello, où le podestat signa tant d'arrêts de mort. Tout cela raconte une histoire terrible, tragique, brutale comme le geste de ce jeune Romain sculpté par Jean de Bologne. On entend la plainte des victimes, des vaincus, des proscrits, et l'on revoit les grandes figures que Florence aima et sacrifia passionnément, celle de Dante partant pour l'exil, celle de Savonarole sur son bûcher, celle de Michel-Ange menacé de mort par un Alexandre de Médicis, pour avoir voulu la liberté de l'Italie. Cri désespéré du génie vaincu par la force brutale, clameur ultime de la beauté niée par la plèbe ou par les barbares, c'est celui de la Sabine. Par le grand geste de son bras raidi, elle en appelle au Ciel, mais c'est le sort de Florence de produire le génie et de le sacrifier.

Voilà ce que dit l'œuvre de Jean de Bologne lorsque, le soir, on s'attarde à rêver sous la *Loggia dei Lanzi*; elle possède ce caractère unique de l'œuvre d'art de remuer profondément l'âme, et d'être évocatrice de sentiments nombreux et puissants. Elle résume l'épopée de la vieille Florence tumultueuse et artiste, et d'autant plus éloquemment qu'elle est la dernière œuvre de beauté qui s'érigera dans ses murs; avec les Médicis, la Florence tumultueuse est morte; après Jean de Bologne, la Florence artiste agonise.

3. — Le Mercure volant.

Ce thème du Mercure volant, familier aux artistes, se trouve déjà dans les bas-reliefs antiques, et n'était pas inconnu des coroplastes de Myrrhina. D'ailleurs Jean de Bologne avait admiré à son arrivée à Rome le Mercure volant de Raphaël à la Farnésine.

Il se joua de la grande difficulté du sujet avec une élégante virtuosité, et donna un chef-d'œuvre de grâce, de légèreté, une figure originale, qui fit d'abord l'admiration de Florence et ensuite de tout le monde artiste. Vasari cite le Mercure comme une des choses les plus rares, et en effet on doit classer cette œuvre parmi les grands chefs-d'œuvre de la sculpture de tous les temps.

« La tête de Borée, les joues gonflées de vent, sert de socle à la statue. Mercure ne pose que sur un souffle qu'il touche à peine de l'extrémité de son pied gauche ; il prend son vol ; il s'élance, coiffé du pétase ailé ; du doigt il montre le ciel ; son autre bras est doucement replié, et sa main porte le caducée (1) ».

La légèreté et l'équilibre de cette figure sont incomparables, et jamais pareil tour de force n'avait été réalisé. Avec sa maigreur nerveuse d'adolescent, la souplesse de tout son corps frémissant comme un arc détendu, le Mercure est si expressif de mouvement et de joie que deviennent inutiles le souffle de Borée, les ailes des talonnières et du pétase. Verticale du bras droit joliment compensée à gauche par l'arabesque du caducée, verticale de la jambe gauche

Le Mercure Volant
(Florence. Bargello).

rachetée par l'oblique de la droite, il y a là un ensemble de lignes ingénieusement combinées, qui dénote de la part de l'artiste la plus sûre maîtrise.

Et, chose rare chez les artistes contemporains de Jean de Bologne, l'expression de la physionomie n'est pas indifférente. Certes, on ne peut la comparer aux sphinx de Michel-Ange, mais le profil du Mercure exprime bien la joie de cet éphèbe d'être le messager des dieux et de se sentir si léger. Le regard se lève déjà vers l'Olympe ; la bouche s'entr'ouvre pour aspirer l'air qu'il fend avec rapidité. On voit, par son profil plus florentin qu'antique, que Jean de Bologne savait rester original, tout en étant savant.

L'admiration fut universelle. L'empereur Maximilien II, à qui les Médicis en avaient donné une copie, en fut si ravi qu'il chercha à attirer l'artiste à sa cour. Le grand-duc François retint son sculpteur sans trop de peine, et porta son salaire de 13 à 25 écus par mois.

(1) A. Desjardins. Jean Bologne.

D'abord placé dans un jardin à Florence, le Mercure fut transporté à Rome dans la villa Médicis. Lorsque le grand-duc vendit cette dernière à la France, la statue revint à Florence où on peut l'admirer aujourd'hui dans une salle du Bargello. Pendant ces voyages, l'œuvre eut à souffrir. La jambe gauche, brisée à la hauteur du genou, a été imparfaitement réparée; on remarque également une fêlure du creux de l'estomac à l'aine gauche.

Le Mercure volant eut d'innombrables reproductions; il y en a une au Louvre, une au musée de Douai. Généralement, on les plaçait soit sur une fontaine, soit sur une haute colonne, et le Mercure prenait alors la légèreté d'Ariel. Eole supprimé, l'illusion de l'envol était complète. C'est ainsi qu'on le voit sur une gravure du xviiie siècle du petit maître français Hilair.

Il devait connaître d'autres avatars. David le travestit en officier de chasseurs dans son grand tableau de la Distribution des Aigles.

Aujourd'hui encore à Florence, le Mercure de Jean de Bologne est une des œuvres les plus populaires, une de celles que les reproductions n'ont cessé de vulgariser. Passé dans la décoration courante, il fait un très élégant support de lampe qu'on voit à tous les étalages d'orfèvres. Evidemment, c'est pour un artiste le comble de la popularité!

4. — Hercule terrassant le Centaure.

Ce groupe, destiné à surmonter une fontaine située dans le voisinage du

Photo J. Leroux.
VUE DE LA LOGGIA DEI LANZI.

Palais Pitti et du Ponte Vecchio, se trouve aujourd'hui dans la Loggia dei Lanzi, derrière l'Enlèvement de la Sabine. Les contemporains admirèrent beaucoup ce groupe puissant, et avec raison.

« Le Centaure, dompté et abattu sur ses quatre jarrets, est terrassé par Hercule qui d'une main le tient par la tête et le réduit à l'impuissance.

Le torse de l'homme est renversé et comme replié sur le dos du cheval. Le Centaure, avec ses deux mains, fait de vains efforts pour se délivrer de la formidable étreinte de son ennemi. Le profil est superbe ; la poitrine, de toute beauté ; la tension des muscles est rendue avec un art et une science admirables. »

On peut objecter que la scène est brutale, et que l'expression de la force physique devient ici le seul but du sculpteur. Mais cette puissante animalité du centaure, cette joie sombre du triomphe qui solennise l'attitude d'Hercule, donnent au groupe une sauvage grandeur. En particulier, le bras, armé de la massue se détache, puissant sur le ciel, couronnant le groupe d'un geste terrible de menace.

Dans la nouvelle salle Barye du Louvre, il y a un petit bronze représentant lui aussi un Centaure terrassé. C'est la même vie brutale et magnifique, le même enchevêtrement de muscles, le triomphe du héros sur les forces sauvages et indomptées.

5. — La statue équestre de Cosme Ier

Sculpteur officiel des Médicis, Jean de Bologne fut chargé de travailler à leur glorification en élevant leurs statues. Il exécuta des ébauches et donna des dessins pour une série de statues équestres des grands-ducs de Toscane ; la seule qu'il ait exécutée entièrement est celle de Cosme Ier sur la Place de la Seigneurie, à Florence.

Nous ne mentionnerons donc que pour mémoire les statues de Cosme Ier aux Offices et dans la Chapelle des Princes à San Lorenzo, de sa main, mais froides ; celles de Ferdinand Ier sur la Place de l'Annunziata et à Livourne ; celles de Philippe III d'Espagne et de Henri IV, anciennement sur le Pont-Neuf, achevées et mises en place par ses élèves.

La statue équestre de Cosme Ier suffit d'ailleurs à sa gloire et peut soutenir la comparaison avec les chefs-d'œuvre de Donatello et de Verrocchio. Commencée vers 1582, elle ne fut érigée qu'en 1594. La fonte eut lieu dans l'atelier du Borgo Pinti : le poids du cavalier et du cheval atteignait 12.500 kilos. Le jour où, sur la Place de la Seigneurie, presque en face de l'Enlèvement de la Sabine, l'œuvre apparut aux yeux d'un public enthousiaste, Jean de Bologne connut un de ses grands triomphes.

Un contemporain, Cicognara, porte un jugement mesuré, qui aujourd'hui encore, paraît acceptable :

« ... Le mouvement du cheval est naturel. La tête est petite, et d'une belle forme, l'encolure épaisse, la crinière trop ondoyante ; l'ensemble de l'animal paraît un peu court, ce qui résulte de ce que le train de devant est pesant. La figure de Cosme est bien assise sur le cheval, avec grâce, avec aisance. Son attitude est majestueuse; il est vêtu avec une parfaite convenance. Dans ce monument, l'homme et le cheval offrent ensemble une harmonie admirable. »

Donatello avait donné à Padoue le type du stratège ; Verrocchio, à Venise, celui du condottière ; Jean de Bologne, à Florence, sut fixer en une grandiose effigie, un mécène doublé d'un tyran. Sur le piédestal, trois bas-reliefs de bronze : le couronnement de Cosme, l'Entrée de Cosme à Sienne, Cosme recevant le serment d'obéissance des Florentins. L'exécution de l'ensemble est digne du maître et digne de Florence.

JEAN
DE BOLOGNE

II. — Décoration des villas et jardins.

La Villa de la Petraja.

Elle est située sur la route de Pistoia, à quatre kilomètres de Florence.

Au bout d'un long chemin bordé d'un ennuyeux mur blanc, la villa, d'aspect modeste, étage ses terrasses, ses charmilles et ses toits rouges.

A peine sur la terrasse, on s'arrête, émerveillé. La route n'a pas monté depuis Florence; à peine a-t-on remarqué la pente légère qui conduit à la villa, et soudain on se trouve devant un panorama féérique. Au loin, la ligne des Apennins forme un mur bleuâtre encerclant la vallée de l'Arno. A droite, Florence, blanche et rouge, s'allonge paresseusement dans la plaine, et l'air est si pur que l'on distingue nettement la coupole de Brunelleschi, le Campanile, la Tour du Palais-Vieux et la coupole de San Lorenzo.

Puis c'est une véritable nappe de verdure argentée où tranchent gaîment les façades blanches. Sur la terrasse, un jardin soigneusement entretenu, que domine de son piédestal la Baigneuse de Jean de Bologne. Mais le gardien veut à toute force nous montrer une curiosité, unique au monde, dit-il.

C'est une yeuse gigantesque, un arbre magnifique, cinq fois centenaire, un chef-d'œuvre naturel, qui éploie la forêt de ses branches puissantes, et dont l'ombre couvre la moitié de la terrasse. On songe que Jean de Bologne vit cet arbre, alors assez gros pour que le sculpteur de la Baigneuse vînt se reposer au pied pendant les heures brûlantes. Un escalier en spirale, fleuri de roses, conduit au-dessus de la naissance des grosses branches.

Le gardien qui triomphe de l'étonnement du visiteur lui fait faire le tour de la galerie, puis l'amène devant la table ronde placée au centre, et raconte que Victor-Emmanuel aimait s'asseoir là; qu'aujourd'hui le roi d'Italie et sa famille y prennent parfois leurs repas, car la table est suffisamment large pour 24 convives. A travers le fin feuillage de l'yeuse, on aperçoit des coins de Florence, de la vallée de l'Arno, et à gauche, se découpant sur le ciel bleu la *Baigneuse* de Jean de Bologne.

Elle s'érige sur une fontaine de Tribolo. Trois vasques se superposent, reliées par une colonne de marbre, décorée de satyres chevauchant des dauphins. Lorsque l'eau jaillit, elle forme une nappe qui vient effleurer le pied de la baigneuse et justifie son attitude de la façon la plus gracieuse. Là encore, il serait impossible de séparer la baigneuse de la fontaine, et la fontaine de son décor de verdure sombre. Dans la salle du musée de Douai, elle semble grelotter. Jean de Bologne, comme ses contemporains, avait une entente parfaite du décor, de la mise en place d'une œuvre. Isoler la statue de son milieu, c'est lui enlever la moitié de sa beauté.

Et cependant, cette Baigneuse est belle. Elle vient de sortir de l'eau, et de ses deux mains elle presse sa chevelure d'où tombe un filet d'eau. Elle n'a rien de la baigneuse gracile, un peu anémiée qu'au xviiie siècle Falconet mettra à la mode : c'est un corps jeune, vigoureux et souple, où les bras sont musclés ; les jambes, robustes ; les hanches, grasses ; on y trouve à la fois une construction solide et une délicatesse de modelé qui fait songer à l'Eve de Rodin. Et par-dessus tout une élégance incomparable de l'attitude ; le rythme harmo-

La Baigneuse de la Petraja

nieux des bras qui donne un lent mouvement au buste et à la tête ; une ligne splendide du ressaut de la hanche droite jusqu'à la cheville contrastant avec le raccourci de la jambe gauche ; tout cela révèle un maître. C'est, si l'on veut, le geste d'Aphrodite ; c'est le geste de Phryné tordant sa chevelure sur le sable doré de l'Hellade et qu'Apelle célébra, mais c'est avant tout une vision harmonieuse, pleine de grâce et de fraîcheur, sous le soleil brûlant, sous le ciel bleu, dans un décor incomparable ; et pour avoir ainsi adapté son génie au milieu où il vécut, Jean de Bologne mérite qu'on ajoute à sa gloire de grand sculpteur celle de grand décorateur.

La Villa de Castello.

JEAN
DE BOLOGNE

Tout près de la Petraja s'élève la villa de Castello, autrefois demeure favorite de Cosme Ier, qui, à grands frais, l'avait pourvue d'eaux abondantes; aujourd'hui, résidence royale.

Elle a conservé ces beaux jardins, parfumés et fleuris qu'aimait tant Bianca Capello. Les allées, droites, pavées de marbre blanc, sont bordées de murs bas où, alignés comme des balustres, des pots de fleurs montrent les bouquets les plus rares. De place en place, un marbre antique s'érige sur un socle, solennel dans la jeune verdure; hors de grands pots de terre cuite, jaillissent des citronniers au feuillage luisant, aux fruits énormes. Au milieu de la campagne écrasée de soleil, ce jardin apparaît comme un séjour délicieux. La gaîté franche des verdures éclate sous le ciel bleu; les haies de roses, les lignes bariolées des fleurs, les taches jaune d'or des citrons dans les feuillages, toutes ces couleurs vives, vibrantes, s'harmonisent puissamment, hymne du jardin au beau ciel de Florence.

Divinité fluviale. Dans un coin ombreux, Jean de Bologne a sculpté une divinité fluviale. Au milieu d'un bassin circulaire, entouré de lauriers-roses et d'yeuses, sur un îlot de rocaille, le dieu montre sa

DIVINITÉ FLUVIALE (Castello).

face de vieux fleuve, sa poitrine et ses bras musculeux. Dans son décor de rochers moussus, de verdure, d'eau fleurie de nymphéas, il surgit là, comme le figure nécessaire.

Les oiseaux de bronze. Au bout du jardin s'ouvre la Grotte de l'Orangerie. Sur les trois parois, au-dessus de vasques de porphyre, des groupes d'animaux en demi-relief : éléphant, cheval, bœuf, lion, etc., figurent toute une ménagerie de carton-pâte. Les murs sont taillés en stalactites et la voûte est décorée de la façon la plus inattendue : de larges arabesques polychromes encadrent des têtes fantastiques : mi-poisson, mi-oiseau, dans lesquelles s'enchâssent de gros yeux de verre. Mention ne serait pas faite de cette œuvre de mauvais goût, s'il n'y avait sur les saillies des stalactites, de merveilleux oiseaux de bronze de la main de Jean de Bologne : chouette, pintade, coq, etc., d'un dessin large et spirituel. (*V. plus loin, Jean de Bologne, animalier.*)

La Villa de Pratolino

Sur la route de Bologne, dans un décor âpre de montagnes et de hauts rochers, s'élève la villa de Pratolino. Construite en 1569 tout exprès pour Bianca Capello, par le grand architecte Buontalenti, elle coûta 780.000 écus. Elle était célèbre par les jardins que chanta le Tasse. A Jean de Bologne, le grand-duc commanda une œuvre étrange, un morceau de sculpture tout à fait inattendu ; il lui demanda de sculpter un rocher.

Le Colosse de Pratolino. C'est l'œuvre connue sous les noms de Colosse de Pratolino, l'Apennin, le Jupiter Pluvieux. La statue a 25 mètres de hauteur ; debout, elle en aurait 32. Jean de Bologne dut la consolider en maçonnant à l'intérieur trois étages de grottes. « Le Jupiter Pluvieux se trouve vis-à-vis de l'une des faces du château, à l'ex-

PRATOLINO. LE COLOSSE.

trémité d'un long tapis de gazon, au milieu d'un massif d'arbres. Le dieu, accroupi et penché en avant, s'appuie d'une main sur le rocher, et de l'autre, il presse sous un quartier de roche, un monstre marin dont la tête seule est visible, et dont la gueule ouverte laisse échapper une belle nappe d'eau qui tombe dans un bassin demi-circulaire. Les cheveux et la barbe du colosse descendent comme des stalactites sur ses larges épaules et sur sa poitrine. »

L'œuvre est étrange, et malgré ses formidables proportions, conserve un caractère d'humanité.

Cette idée de sculpter un colosse n'était pas nouvelle; Michel-Ange y avait longuement songé, et un contemporain de Jean de Bologne, Cicognara, envie la tâche imposée à notre artiste :

« Peu d'hommes, dit-il, parmi ceux qui se sont consacrés à l'art du statuaire, ont eu plus de bonheur que Jean de Bologne pour la quantité et la variété des travaux qui lui furent commandés. Il suffit de dire qu'on lui donna jusqu'à l'occasion de sculpter une montagne, lorsque le grand-duc François lui fit faire à Pratolino le colosse qui représente le Jupiter Pluvieux. »

Les jardins Boboli.

Les jardins Boboli s'étendent derrière le palais Pitti, sur une large colline. Cosme Ier acheta le palais en 1550. Il chargea Tribolo de niveler la colline et de dessiner le plan des jardins. Après sa mort, l'architecte fut Buontalenti, peut-être le meilleur de l'époque, qui avait sous ses ordres, sculpteurs, fontainiers et jardiniers. Jean de Bologne exécuta les figures monumentales les plus importantes. Nous les rencontrerons en faisant une promenade dans ces fameux jardins.

La Baigneuse de la Grotticella. En quelques minutes, nous sommes devant une grotte artificielle, construite dans le goût baroque, avec des stalactites de carton-pâte où s'insère l'écusson des Médicis. A l'intérieur, deux grottes. Dans la première, se dégageant de la paroi, les moulages des quatre esclaves inachevés de Michel-Ange. Le reste de la décoration est du plus mauvais goût : rocaille, silhouettes étranges d'animaux peints : œuvres de la plus fade décadence. Plus petite que l'autre, la deuxième grotte, la Grotticella, montre aussi des stalactites et des murs peints, mais elle est plus sombre, et la lumière, que tamisent les baies de la voûte, arrive, douce et bleutée. Au centre, la célèbre Baigneuse de Jean de Bologne, une de ses œuvres les plus gracieuses; et comme on la comprend bien dans ce décor de fraîcheur, de quiétude; comme elle s'enveloppe dans la lumière cendrée de son refuge, dans le silence qui s'aggrave d'un murmure de fontaine! On est transporté dans un de ces asiles mystérieux de la mythologie aimable, dans quelque palais de Calypso où se plaira l'imagination fleurie d'un Fénelon. Décor pour une scène de l'Après-midi d'un Faune, où se délasserait aussi quelque poète classique rêvant à une idylle mythologique. Et l'on se sent d'autant plus attiré par cette Grotticella charmante, fraîche et sombre, que dans le jardin le soleil brasille, que l'ombre est rare, et que les feuillages luisent avec un éclat dur.

Le décor joli ne doit pas faire oublier que l'œuvre en elle-même est belle. Au-dessus d'une vasque de marbre jaspé, où quatre satyres versent de l'eau, d'une fantaisie amusante, se dresse la Baigneuse. La tête est jeune et fine, et le corps, d'une souplesse et d'une grâce merveilleuses. Un bras pend le long du corps, la main s'appuie sur une urne; l'autre bras se replie sur la poitrine qu'il voile; les hanches grasses se modèlent délicatement, le dessin des jambes rappelle celui de la Baigneuse de la Petraja. Le XVIII° siècle français traitera souvent le thème de la Baigneuse; a-t-il donné une œuvre qui puisse s'égaler à

Photo J. Leroux.
LA VÉNUS DE LA GROTTICELLA.
(Jardins Boboli).

celle-là? Il faudra attendre la Frileuse ou la Flore de Carpeaux pour se permettre une comparaison. Encore une fois, isoler cette figure de la Grotticella pour laquelle elle est faite, c'est en supprimer l'harmonie et transformer en sujet de pendule un chef-d'œuvre de grâce.

La statue de l'Abondance.

Nous retournons sur nos pas, derrière le palais Pitti, dans l'axe du jardin. Les architectes ont dessiné un cirque de marbre blanc, entouré de terrasses de chênes. Rompant la balustrade, des statues de marbre dans les niches mettent des taches d'un blanc éblouissant sur les verdures épaisses. Au premier plan, un obélisque égyptien, et tout en haut, la minuscule statue de l'Abondance par Jean de Bologne vers laquelle nous nous dirigeons.

A mi-chemin, nous nous arrêtons devant une fontaine qui est de Lorenzi, et qui nous permet de constater la supériorité de notre artiste sur les sculpteurs italiens décadents. Lorenzi abuse de la rocaille; il a emprunté aux Esclaves de Michel-Ange le dessin de ses figures inférieures qui n'ont d'autre caractère que de faire des gestes symétriques. Enfin son Neptune n'a rien de la majesté du Neptune de Bologne; il fait songer à un robuste paysan qui retournerait du foin. Encore de longs escaliers à gravir, et nous voici devant la statue de l'Abon-

5

dance, haute de trois mètres, tenant une gerbe d'épis dans sa main gauche levée, et des fleurs et des fruits dans sa main droite. Les indications du corps et le jet des draperies révèlent la main du maître ; la tête, exécutée par Tacca, est faible. Cette statue fut érigée à cette place pour rappeler que, tandis que les autres pays souffraient de la famine et de la guerre, la Toscane seule prospérait sous Ferdinand II. Et le geste de l'Abondance s'amplifie singulièrement lorsqu'on regarde le panorama qui se déroule à ses pieds.

Dans l'axe, le Neptune de Lorenzi, l'obélisque, l'amphithéâtre de marbre et le palais Pitti. Derrière, un quartier de Florence, la ligne de l'Arno, la plaine de Toscane et les ondulations des Apennins. C'est à la ville enfin calme, c'est à la Toscane tout entière que l'Abondance promet des épis, des fruits et des fleurs ; et ici le décor et l'interprétation du geste dépassent en intérêt l'œuvre elle-même.

Redescendant la colline jusqu'au Neptune de Lorenzi, nous prenons l'allée de gauche et nous dégringolons une pente rapide entre deux murailles de cyprès taillés, avec dans des niches de feuillage, des statues de marbre blanc. Au bas de cette fraîche allée du Viottolone s'érige la plus belle des fontaines de Jean de Bologne, la fontaine de l'Océan, qu'on voit de loin, nullement écrasée par les hautes pentes qui l'entourent.

La Fontaine de l'Océan. Nous nous trouvons devant une large pièce d'eau, entourée de hautes charmilles taillées, sous lesquelles se dressent des statues modernes. La pièce d'eau,

Photo J. Leroux.

FONTAINE DE L'OCÉAN.
(Jardins Boboli).

ovale, est divisée en quatre par une croix. Sur ces bras de marbre blanc s'alignent des orangers dans de grands pots de terre cuite, et chacune de ces quatre allées de feuillages sombres, piquetés de fruits jaunes, au ras de l'eau, aboutit au bord du bassin à une grille en fer forgé engagée dans deux colonnes de marbre supportant deux chimères. Au centre, limité par une balustrade coupée de grands orangers en pots, un îlot au milieu duquel se dresse la statue de l'Océan.

Figure grandiose, imposante, l'Océan domine et couronne l'ensemble. Le sceptre en main, le pied sur un dauphin, il regarde au loin, au-dessus des feuillages, et sa bouche s'entr'ouvre comme pour aspirer les brises marines. Assis sur le piédestal, trois énergiques figures de Fleuves représentant le Nil, l'Euphrate, le Gange, les trois fleuves de l'ancien monde. Chacun d'eux tient

Photo J. Leroux.

FONTAINE DE L'OCÉAN.
(Andromède. Jardins Boboli).

une urne qu'il déverse dans une grande vasque de granit de 22 mètres de circonférence. En dessous, l'îlot de marbre blanc où aboutissent les quatre allées d'orangers, où les roses s'épanouissent en buissons parfumés, où des fleurs de toute sorte s'associent à la joie de l'eau. A six heures du soir, ce coin de jardin est un décor exquis. C'est l'heure jolie du ciel florentin; la lumière se fait très douce; les arbres semblent se détendre; les figures de marbre deviennent plus familières. L'eau prend les teintes fondues, changeantes, d'un satin froissé. Elle effiloche tous les reflets, les blancs des marbres, le vieux rouge des grands pots, le vert des feuillages, la bigarrure des fleurs du parterre, puis elle tisse tous ces lambeaux pour en faire une étoffe merveilleuse. L'Océan regarde, bienveillant, et les trois Fleuves semblent déverser leurs urnes avec précaution, pour ne pas briser la joie silencieuse et fragile du jardin.

Aussi ne prenons-nous pas au tragique la douleur d'Andromède enchaînée sur son rocher. Ses formes à la fois puissantes et gracieuses se détachent nettement sur le fond de verdure et se reflètent, tremblantes, dans l'eau limpide. Sur son rocher de rocaille, où rampent des animaux marins, des crabes, des hippocampes, elle esquisse un très élégant geste de détresse. Mais l'Océan est trop près ; nous le devinons secourable ; il ne laissera pas périr la belle captive qui s'éplore à ses pieds. Nous ne croyons pas au monstre qui pourrait la dévorer : le décor est trop joli. Aussi ne nous hâtons-nous pas de connaître le dénouement de ce drame mythologique, et nous nous attardons à regarder cette fontaine admirable, où les héros de marbre sont si bien à leur place. D'ailleurs qui serait inquiet sur le sort d'Andromède peut se rassurer : voici le héros qui accourt. Voici Persée monté sur Pégase, qui se hâte, courbé sur son cheval cabré. Les deux figures qui gardent l'allée d'orangers l'encouragent du geste ; dans l'ombre des charmilles, les statues, debout, sortent de leur mur de feuillage pour applaudir à son geste héroïque. Et comme il convient, l'action

Photo J. Leroux.

FONTAINE DE L'OCÉAN-PERSÉE
(Jardins Boboli).

solennelle se passe dans un décor plus grave. Au-dessus de la ceinture rigide de la charmille taillée, les chênes agitent leurs têtes houleuses, et l'eau calme, qui reflète intégralement le geste des marbres, forme une nappe d'un vert sombre. Là encore les figures sont à l'échelle du décor. Peu de sculpteurs ont ainsi su ou voulu subordonner leurs œuvres à l'ensemble.

A regret, l'on quitte la fontaine de l'Océan, et ses murs de verdure, et ses orangers, et Andromède qui fait toujours son geste de supplication.

On se retourne fréquemment, et, de loin, l'ensemble apparaît admirable. La fontaine de l'Océan ou de l'Ilot, est une des plus belles qui soient. Décoration cohérente, convergeant vers le motif central ; association harmonieuse de la verdure et des fleurs à l'architecture et aux taches blanches des marbres, distribution intelligente des nappes d'eau et des jets, l'œuvre dénote un puissant décorateur. Mais il y a plus : les figures valent par elles-mêmes, et, par leur beauté plastique, elles se placent au premier rang des productions de l'époque.

L'Océan égale le Neptune de Bologne ; il en a la puissance calme, le modelé solide, l'attitude grandiose. Les trois figures des fleuves sont énergiques, heureusement diversifiées, n'ayant rien des faces paternes des Fleuves de l'art pseudo-classique, inexpressifs avec ces longues barbes que raillait Mme de Sévigné; rien de figé; rien de conventionnel; l'allégorie n'a pas tué la vie. Je ne vois que les figures de la Fontaine des quatre parties du monde de Carpeaux, qui puissent être rapprochées de celles-ci.

En sortant des Jardins Boboli, on peut être fier de la part glorieuse qui revient à notre sculpteur dans la décoration d'un des plus beaux jardins du monde.

JEAN
DE BOLOGNE

III. — Le Réalisme de Jean de Bologne.

L'étude des œuvres précédentes, morceaux de grand style ou ensembles décoratifs, montre nettement la supériorité de Jean de Bologne sur les sculpteurs florentins de son époque. Seul, il sut dégager sa personnalité, grand mérite si l'on songe qu'il commença la Fontaine de Neptune du vivant de Michel-Ange.

Pour juger de l'originalité d'un artiste, il suffit de se demander si, son œuvre disparaissant, le patrimoine artistique de l'humanité en serait amoindri. Les figures de Bandinelli, de l'Ammanato détruites, on n'y perdrait ni l'interprétation nouvelle d'un sentiment, ni l'inédit d'un geste. Comme ils ne donnèrent que des pastiches de Michel-Ange, on retrouverait toujours dans le modèle imité la beauté que ne renferment point cent imitations. Irréparable serait la perte de l'Enlèvement de la Sabine, du Mercure volant, de la Baigneuse de la Grotticella, de l'Océan de l'Isoletto. Il faudrait alors arrêter l'histoire de la sculpture florentine après l'exécution des tombeaux des Médicis. Jean de Bologne eut le rôle glorieux de sauver l'honneur de son époque et de retarder la décadence de près d'un siècle.

A quelles causes dut-il d'être un artiste d'exception? Certes, à ses dons de modeleur, à sa science patiemment acquise, à son labeur. Mais il ne manquait pas à Florence d'artistes bien doués, savants et laborieux.

La grande raison est la suivante. Ses contemporains italiens, dans leur admiration pour les œuvres de Raphaël et surtout de Michel-Ange, dédaignèrent l'étude de la nature, l'observation probe ou inquiète de la réalité. Michel-Ange et Raphaël furent proclamés divins; leurs figures, impeccables. Des œuvres que tous deux avaient créées, en grands indépendants, on tira des types, des canons déclarés parfaits, un intangible décalogue artistique. L'académisme naquit; l'admiration se fit rituelle; l'imitation tyrannique des chefs-d'œuvre consacrés devint un dogme. Les artistes se jugeaient d'autant plus grands qu'ils croyaient s'approcher du maître, et s'admiraient par raison démonstrative.

C'est l'esthétique de toute décadence, et toujours lamentable est le spectacle d'un groupe d'artistes de talent abdiquant toute personnalité pour s'efforcer d'attacher leur nom à celui d'un illustre devancier.

Si Jean de Bologne échappa à l'influence désastreuse de l'académisme, il le dut à son origine flamande. De jugement net, de sens rassis, il se garda de l'enthousiasme irréfléchi, de la servilité du fanatique, et tout en admirant Raphaël et Michel-Ange, il comprit qu'il serait vain de vouloir rivaliser avec eux.

Il venait d'un pays neuf, apportait une imagination fraîche, le vouloir net et vigoureux d'un homme du Nord, et tenait de sa race l'amour de la réalité familière, l'observation attentive de tout spectacle de la vie, qualités précieuses qui caractérisent le véritable artiste, et dont l'académisme ne faisait plus aucun cas. L'habitude de confronter l'image créée avec la réalité, la probité de l'artiste qui ne veut que magnifier un sentiment, une sensation qu'il éprouva, ce besoin de contrôler l'art par la vie, la bonne humilité devant la nature, le gardèrent de l'emphase, de la boursouflure insupportable de ses contemporains. Cette pondération de l'esprit, jointe à un génie puissant et consciencieux, firent de lui le seul artiste que n'écrase pas le voisinage de Michel-Ange.

Et ce jugement n'apparaîtra pas banale affirmation empruntée à l'esthétique de Taine, si l'on examine toute une série d'œuvres où il s'est montré le fidèle représentant des traditions septentrionales, œuvres originales, d'un réalisme sain et vigoureux, longtemps dédaignées : ses *Enfants*, ses *Animaux*, ses *Petits bronzes et objets d'orfèvrerie.*

Les Enfants. Depuis Donatello et Luca della Robbia, depuis *l'Enfant au Poisson* de Verrocchio, les sculpteurs florentins dédaignaient l'enfance. Elle ne trouve pas place dans l'œuvre hautaine de Michel-Ange; si, rarement, il traite un Enfant Jésus, il en fait un bambino athlétique.

En 1559, François de Médicis commanda à Jean de Bologne deux bronzes représentant deux *Enfants péchant à l'hameçon*, destinés à orner les fontaines de son casino de San Marco. Aujourd'hui, dans la 2ᵉ Salle des Bronzes au Bargello, on peut admirer ces petits pêcheurs, bambini pris sur le vif, avec leurs chairs délicatement pétries, qui font des bourrelets aux jointures, leur expression naïvement joyeuse d'avoir capturé un gros poisson, leur regard fixé sur l'eau où ils ont jeté leur ligne. Et dans le recul des jambes et des bras, il y a bien un peu de la crainte puérile d'une vague qui les éclabousse et de la proie qui se débat contre l'hameçon.

Mêmes croquis prestes, même fantaisie souriante dans les quatre *Enfants au dauphin*, assis sur le socle de la fontaine du Neptune. On devine que pour l'artiste, modeler un corps d'enfant espiègle et joyeux était un plaisir d'art, alors qu'un Baudinelli eût cru déchoir en s'occupant de telle besogne. Jean de Bologne est le seul sculpteur de son époque qui ait compris la joliesse des gestes ingénus et spontanés de l'enfance, et dans cette partie de son œuvre, il s'apparente de près à son compatriote Jehan Bellegambe. Celui-ci s'est complu à peindre les « petiz enfans »; leur troupe rieuse et bruyante fait irruption dans ses graves tableaux de piété, angelots du Retable du Cellier, petits pages célestes ou « fleur des martyrs » du Retable d'Anchin. Les deux artistes douaisiens ont montré l'enfance aimable et gracieuse, en intimistes français plutôt qu'en réalistes flamands; c'est pourquoi l'attribution à Jean de Bologne des deux *Pissatore* du musée de Douai, si jolis cependant, paraît contestable.

Les animaux. Nous savions déjà que le sculpteur qui donna la statue équestre de Cosme Iᵉʳ et Hercule terrassant le Centaure connaissait parfaitement l'anatomie du cheval. Mais il avait d'illustres devanciers : Donatello par sa statue de Gattamelata à Padoue; Verrocchio, par celle du Colleone à Venise, Léonard de Vinci, par celle de François Sforza à Milan, avaient créé des chefs-d'œuvre inégalés.

Ce qui fait l'originalité de Jean de Bologne, c'est qu'il s'intéressa à la vie des animaux familiers, et surtout des oiseaux; et, sculpteur animalier, se révéla observateur sagace et spirituel, précurseur de nos grands contemporains.

Dans la 2ᵉ salle des Bronzes du Bargello, on s'arrête avec autant de surprise que d'admiration devant deux beaux bronzes à cire perdue, représentant un Aigle et un Dindon.

L'Aigle se dresse, plein de vie et de force nerveuse. Son caractère d'oiseau de proie est mis fortement en relief, avec ses ailes courtes et puissantes, ses serres terribles, sa tête effilée comme un pic, le cou tendu, l'œil au guet, le bec menaçant. Il faudra attendre Barye pour retrouver cette animalité dont les instincts féroces sont si merveilleusement servis par une structure à la fois solide et souple.

En face, le *Dindon* fait un amusant contraste. Avantageux, portant haut la tête, s'honorant de ses caroncules, la marche compassée, la queue en éventail, fier de toutes ses plumes, les ailes mi-ouvertes pour tenir plus de place, bouffi

CASTELLO. OISEAU DE BRONZE.

de suffisance, gonflé de vanité, crevant d'aise. le dindon de Jean de Bologne, largement traité, est un chef-d'œuvre du genre.

On pourrait en dire autant de ses Oiseaux de Castello, du paon de la Junon, du taureau d'Europe, des tortues supportant les obélisques de la place de l'Annunziata, etc.; toujours on retrouve les mêmes qualités d'observation, la même exécution probe et spirituelle.

Animalier, nous l'admirons sans réserve, et comme un novateur. Il n'a d'autres ascendants que les auteurs du Roman de Renart et les tailleurs d'images de nos vieilles cathédrales qui pensaient avec raison que, dans le temple immense, place était due à la flore et à la faune de leurs provinces. Les siècles classiques purent dédaigner les animaux de Jean de Bologne; celui-ci a la fortune glorieuse du grand artiste : chaque génération lui apporte une admiration renou-
• velée.

Petits bronzes et objets d'orfèvrerie.

Dans un livre récent (1), qui est un des plus solides ouvrages d'esthétique parus depuis longtemps, M. Roger Marx souhaite la vulgarisation des objets d'art, reproductions soignées d'un prototype impeccable. Il eût applaudi à l'effort de Jean de Bologne, multipliant ses petits bronzes, ses objets d'orfèvrerie, et voilà une fois de plus le nom du sculpteur douaisien associé à ceux de nos artistes contemporains.

Il donnait lui-même des réductions de ses grands chefs-d'œuvre, créait des modèles originaux d'un ou deux pieds de hauteur, d'un modelé et d'un fini irréprochables : sujets mythologiques et populaires, bustes, baigneuses, etc., puis il abandonnait le modèle à ses élèves, surtout à ses fondeurs, les habiles Susini, qui retiraient tout le bénéfice de l'édition. Ces œuvrettes charmantes, fort prisées par les amateurs italiens, comme en témoigne la lettre de Simone Fortuna, citée plus haut, eurent en France autant de succès. Le cardinal de Richelieu en possédait une collection, et, sous Louis XIV, elles devinrent le complément obligé des meubles somptueux, et des commodes de Boulle en particulier.

Il exécuta un grand nombre de crucifix de bronze. On peut encore en voir quelques-uns à Florence (Chapelle del Soccorso, Palais-Vieux, Pitti). Dans la 2ᵉ salle des Bronzes au Bargello, une Junon avec son paon, une Aphrodite, des réductions d'antiques, un Satyre se versant à boire; et, dans une vitrine, une série de bustes, trois jolies Baigneuses, un Oiseleur, un minuscule joueur de cornemuse (réductions des villani de Boboli), l'Enlèvement d'Europe, Hercule

HERCULE ET L'HYDRE DE LERNE
(Coupe en or. Cabinet des Gemmes Pitti).

et le sanglier d'Érymanthe, et combien d'autres, dispersés dans les musées européens, mériteraient, au lieu d'une simple mention, une étude approfondie et un hommage reconnaissant. Trois siècles avant les efforts des esthéticiens contemporains, Jean de Bologne donnait l'exemple de grand artiste créateur et vulgarisateur.

(1) Roger Marx. *L'Art Social.*

6

Si, en tant qu'orfèvre, il ne peut rivaliser avec Cellini, il n'en a pas moins laissé d'incomparables joyaux. Ses Hercule d'or et d'argent, son Calvaire en or du Trésor des Grands-Ducs (Pitti), vingt autres chefs-d'œuvre en témoignent, mais il n'est besoin d'autre exemple que la très belle Coupe du Cabinet des Gemmes (Pitti)

C'est une coupe émaillée et ornée de pierres précieuses, décorée du sujet : Hercule combattant l'Hydre de Lerne. Sur le couvercle, taillé en manière de rocher, s'érige Hercule, une statuette en or massif de 10 centimètres de hauteur. La coupe dessine le corps du monstre, et les poignées figurent l'une la queue tordue de l'hydre ; l'autre, les sept têtes qui menacent Hercule dont le poing autrefois brandissait une massue. C'est en même temps qu'un chef-d'œuvre d'orfèvrerie une œuvre de grand style, étonnante, si l'on songe que le ciseleur du héros minuscule avait sculpté l'effarant Colosse de Pratolino.

Petits bronzes et objets d'orfèvrerie se répandaient dans toute l'Europe par les soins des Médicis qui en faisaient présent à la cour de France, à l'Empereur d'Allemagne, au roi d'Espagne, à Jacques 1er d'Angleterre, etc. Ils sont venus jusqu'à nous, et nous sommes reconnaissants au grand artiste d'avoir songé que l'œuvre d'art n'a pas pour unique destination la collection d'un riche amateur.

Vieillesse et Mort

Vieillesse et Mort.

Après l'étude de ces œuvres, on comprend que la réputation du sculpteur était devenue universelle, et que les grands-ducs de Toscane le gardaient jalousement. Ils le chargeaient de l'achat des antiques, mission de confiance, et plusieurs fois Jean de Bologne fit le voyage de Rome pour satisfaire leurs goûts de collectionneurs.

Les honneurs venaient à lui. Depuis longtemps, il faisait partie de l'Académie de Dessin, où il se rencontrait avec Bronzino, Vasari, Cellini, et les meilleurs artistes de l'Italie.

L'empereur Maximilien II, n'ayant pu l'attirer à sa cour, avait tenu à lui donner un témoignage de son admiration. A la date du 26 août 1588, il lui conférait des lettres de noblesse.

En 1599, il fut fait chevalier du Christ. De tous les ordres dont dispose la Cour de Rome, l'ordre du Christ était le plus estimé. Le grand artiste, fort sensible à ce nouvel honneur, témoigna sa reconnaissance au cardinal Aldobrandini, en lui offrant un crucifix superbe.

De tous ces honneurs, il ne tirait point vanité. Les contemporains de Jean de Bologne le représentent comme un homme doux et modeste, généreux, entièrement pris par son art. Il vivait largement, et sa maison, son atelier étaient d'un prince de la sculpture. Le grand-duc Ferdinand se montrait aussi généreux que son frère était parcimonieux, ce qui n'empêchait pas que l'artiste ne connût encore des moments de gêne, car il ne savait pas compter. Alors, il s'adressait à la grande-duchesse. Voici une lettre que Jean de Bologne lui adressait en 1604 : il avait alors 80 ans.

« Je supplie S. A. S. d'avoir égard à mon extrême vieillesse. J'ai toujours travaillé pour Elle avec une provision de 25 écus par mois, et même au début, beaucoup moindre. Je me trouve dans un état de gêne quoique le monde pense tout le contraire. En voyant mes nombreux travaux et la faveur dont je jouis auprès de Leurs Altesses, on présume que les récompenses sont en rapport. Je n'ai jamais pensé qu'à faire de bon ouvrage; maintenant qu'on m'a amené un neveu, il est de mon devoir de le garantir de la nécessité où il se trouverait si Leurs Altesses ne l'assistaient pas. Il ne paraîtra pas étrange à V. A. S. que j'aie si peu de ressources. Qu'elle soit assurée que j'ai toujours vécu avec économie, et que toutes mes dépenses ont eu pour objet l'acquisition de ma maison, la fondation de ma chapelle et autres objets nécessaires. Je supplie donc V. A. S. de vouloir bien être ma protectrice, et j'affirme que la satisfaction que j'en éprouverai me fera vivre quelques années de plus.

Florence, 12 mars 1604.
Gion Bologna.

Quel était ce neveu dont parle l'artiste ? Nous sommes très mal renseignés sur la vie privée de Jean de Bologne. Nous savons que, sur le tard, il épousa une Bolonaise du nom de Ricca, qu'il n'eut pas d'enfants, et qu'il devint veuf à 65 ans.

Il avait une sœur qui demeurait à Douai. Baldinucci nous rapporte que cette

sœur avec son mari, nommé Campana, vint voir Jean de Bologne à Florence, et que celui-ci l'accompagna au retour jusqu'à Milan.

Auparavant, il avait fait venir à Florence un fils de sa sœur qui mourut jeune. Après son voyage dans la haute Italie, il appela auprès de lui un autre fils de la même sœur, avec promesse de le nommer son héritier s'il se faisait sculpteur, et se fixait à Florence. Mais il revint à Douai, sur la prière de ses parents.

Enfin, dans son testament, daté du 1ᵉʳ septembre 1605, nous avons la preuve que le grand sculpteur pensait encore aux siens, à ses petits-neveux restés à Douai.

Voici les principales clauses du testament :

1° Il lègue aux pères servites 500 florins pour fondation perpétuelle d'une messe par semaine à célébrer dans sa chapelle.

2° Le droit d'habitation dans sa maison, l'usage de ses meubles et de son atelier à Pierre Tacca.

3° A sa servante, Marie de Carrare, 100 florins.

4° A Philippe, son domestique, 50 florins.

5° Pour son héritier universel, il institue son arrière petit-neveu Jean, fils de Denis, âgé de 8 ans, avec obligation de prendre le nom et les armes du testateur ; à son défaut, la sœur de l'enfant : Jacqueline.

Voici les renseignements recueillis par le magistrat enquêteur :

Cet enfant que Jean de Bologne veut adopter se nomme Jean comme lui ; c'est son arrière-petit-neveu. Son père se nommait Denis Senéca, et sa mère, Antoinette, fille de Nicolette Defrein, fille elle-même de la sœur de Jean de Bologne. Le père de l'enfant, Senéca, est mort. Sa mère, veuve de Senéca, s'est remariée, et habite Douai (1).

Il serait curieux de retrouver l'histoire de ces familles ; il est intéressant de constater que dans son extrême vieillesse, Jean de Bologne s'est intéressé à sa famille, et qu'une de ses dernières pensées fut pour sa ville natale.

Le vieillard s'affaiblissait lentement, entouré de l'admiration de Florence et des illustres voyageurs qui y venaient, de la vénération de ses élèves et de l'amitié du grand-duc. De temps en temps, il faisait un séjour dans la villa del Riposo où il ne conversait plus avec son vieil ami Vecchietti, mort en 1590. Il s'y trouvait en janvier 1608 ; une lettre de Tacca nous apprend qu'il était souffrant et gardait la chambre. Quelques mois après, le 13 août 1608, il expirait dans sa maison du Borgo Pinti.

Ainsi qu'il l'avait décidé, il fut inhumé dans l'église de l'Annunziata. La chapelle funéraire de Jean de Bologne, située derrière le maître-autel de l'église de l'Annunziata, lui avait été concédée par les pères servites ; c'est la chapelle del Soccorso qu'il fit reconstruire d'après ses plans et à ses frais, et lui coûta 6000 écus. Elle fut inaugurée le 24 décembre 1598, c'est-à-dire six ans avant la mort de l'artiste.

Par sa construction, par ses statues et surtout ses bas-reliefs, la Chapelle del Soccorso permet d'avoir une idée de l'architecte que se révéla Jean de Bologne, en édifiant la Chapelle Grimaldi à Gênes (1575), la Chapelle des Salviati à San Marco (1581) ; et du sculpteur religieux qui donna le Christ de Lucques (1579), les dessins pour les bas-reliefs de Pise (après 1595), le

(1) V. Benjamin Rivière. *Op. cit.*

Saint Mathieu d'Orvieto (1597) le Saint Luc d'Or san Michele (1602). Si la pensée religieuse de Jean de Bologne n'a pas la ferveur ardente des quattro-centistes, ni la poésie hautaine de Michel Ange, elle conserve une sérénité grave qui allait disparaître de l'art italien.

La chapelle est construite en pietra serena (pierre bleue), séparée de l'Eglise par une arcade soutenue par des colonnes ioniques et surmontée des armoiries de Jean de Bologne.

Sur l'autel, en avant, en marbre blanc, s'élève une croix dont l'admirable Christ en bronze, de grandeur naturelle, est un des chefs-d'œuvre du maître.

Photo J. Leroux.

TOMBEAU DE JEAN DE BOLOGNE
(Annunziata. Chapelle del Soccorso).

Derrière l'autel, au fond de la chapelle, est placée l'urne tumulaire en marbre noir veiné. La base est en marbre blanc.

On y lit l'épitaphe dont voici la traduction :

« Jean Bologne, Belge, noble, protégé des princes de Médicis, chevalier de la milice du Christ, célèbre comme architecte et comme sculpteur, recommandable par sa vertu, par ses mœurs et par sa piété, a élevé cette chapelle à Dieu, et cette sépulture pour lui-même, et pour les Belges de même art, l'an de N-S. 1599. »

Sur les rampants du sarcophage, deux petits génies en stuc tiennent des flambeaux renversés.

Les élèves du grand sculpteur voulurent participer à la décoration de la chapelle. Franqueville exécuta les deux statues à droite et à gauche du sarcophage : la Vie active et la Vie contemplative. Les quatre niches latérales sont ornées de statues en stuc par Tacca. Enfin, au-dessous des six statues, on admire six bas-reliefs en bronze représentant des scènes de la Passion, de la main de Jean de Bologne lui-même.

Nous voici au terme de l'excursion que nous avons faite à la suite du grand artiste. Son monument funéraire fut son dernier chef-d'œuvre ; c'est là que ses élèves lui ont porté le dernier tribut d'admiration ; c'est là qu'il convenait de saluer sa mémoire une dernière fois, avant de quitter Florence.

Conclusion.

Certes, ce rapide exposé paraîtra maigre et incomplet; aussi bien n'avions-nous pas la prétention de faire connaître Jean de Bologne à sa ville natale, d'autant plus qu'A. Desjardins s'en est excellemment acquitté dans une luxueuse monographie. Les pages qui précèdent renferment, plutôt qu'une étude, une suite d'impressions éprouvées devant les œuvres de l'artiste douaisien au cours de deux voyages en Italie.

D'ailleurs, sa mémoire mérite une réparation. Depuis longtemps, on considère les sculpteurs florentins de la deuxième moitié du xvi⁰ siècle comme des décadents, et on englobe dans la même indifférence Bandinelli, l'Ammanato, Vincenzio Danti, Jean de Bologne, etc. Ce jugement simpliste, mais si commode, doit être révisé en faveur de ce dernier, créateur puissant, souvent original, dont l'inspiration fut aussi féconde que variée.

C'est la révélation qu'apporte le voyage en Italie, et surtout le séjour à Florence. Jean de Bologne a contribué à embellir sa ville d'adoption, et c'est le plus bel éloge qu'on puisse faire de son œuvre. Qui songerait à lui dénier le titre de grand, après s'être trouvé sur la Place de la Seigneurie, devant l'Enlèvement de la Sabine, Hercule et le Centaure, la statue équestre de Cosme Iᵉʳ? après avoir vu au Bargello le Mercure volant et la série de ses bronzes d'art? après s'être promené dans les jardins Boboli ou dans ceux des villas florentines? Et comme ses œuvres écrasent celles des sculpteurs de décadence, l'Hercule et Cacus de Bandinelli, le Neptune de l'Ammanato, le Neptune de Lorenzi, qui, dans le voisinage, leur servent de repoussoirs!

On comprend que l'Italie réclame Gian Bologna comme l'un de ses enfants, et qu'on étonne bon nombre de Florentins, lorsqu'on leur apprend que le plus illustre décorateur de leur cité naquit à Douai. Cependant, il est bien de la lignée française de nos tailleurs d'images, de Michel Colomb, de Goujon, et bien plus près d'un Carpeaux ou d'un Barye que de Pierre Puget. Son art, de sobre pathétique ou de grâce fragile, est toujours d'exquise mesure et d'impeccable exécution. Aussi, la ville de Douai peut-elle déclarer sien Jean de Bologne, non seulement parce qu'il naquit dans ses murs et y demeura jusqu'à l'âge de 16 ans, mais surtout parce qu'il tient de sa ville natale le meilleur de son génie : l'esprit de la race.

Table.

SORTI DES PRESSES
DE LA MAISON FIGUIÈRE ET Cⁱᵉ
LE 28 JUILLET 1913